Der Mann, der

1878 ein Versammlungshaus stahl, aus „Kuponanleihen"

JT Trowbridge

Writat

Diese Ausgabe erschien im Jahr 2023

ISBN: 9789359252964

Herausgegeben von
Writat
E-Mail: info@writat.com

Der Mann, der ein Versammlungshaus gestohlen hat

Von JT Trowbridge

Auf einer kürzlichen Reise in die Ölregionen von Pennsylvania machte ich eines Abends mit einem Mitreisenden Halt in einem Dorf, das gerade durch die Heldentaten eines Pferdediebs in Aufruhr versetzt worden war. Als wir nach dem Abendessen am Herd der Taverne saßen, hörten wir, wie die Einzelheiten der Gefangennahme und Flucht des Schurken ausführlich besprochen wurden. Dann folgten viele weitere Geschichten über Diebstahl und Raub, die inmitten von Tabakrauchwolken erzählt wurden. bis sich am Ende einer aufregenden Geschichte einer der Eingeborenen an meinen Reisebekannten wandte und mit einem breiten Lachen sagte: „Kannst du das schlagen, Fremder?"

„Nun, ich weiß es nicht – vielleicht könnte ich es, wenn ich es versuchen sollte. Ich habe noch nie einen so großen Pferdediebstahl erlebt, wie Sie ihn erzählen, aber ich kannte einen Mann, der einmal ein Versammlungshaus gestohlen hat."

„Habe ein Versammlungshaus gestohlen ! „Das geht ein bisschen zu weit ", bemerkte ein anderer ehrlicher Dorfbewohner. „Du meinst nicht, dass er es gestohlen und weggetragen hat?"

„Hab es gestohlen und weggetragen", wiederholte mein Reisegefährte ernst, schlug die Beine übereinander und legte den Arm auf die Lehne seines Stuhls. „Und vor allem habe ich ihm geholfen."

„Wie ist das passiert? – denn du siehst selbst nicht gerade wie ein Dieb aus." Alle Augen waren nun auf meinen Freund gerichtet, einen einfachen Farmer aus Neuengland, dessen ehrliches, schlichtes Aussehen und seine offene Rede Respekt einflößten.

„Ich war sein Angestellter und habe auf Befehl gehandelt. Sein Name war Jedwort – der alte Jedwort nannten ihn die Jungs, obwohl er noch nicht älter als fünfzig war, als sich dieser krumme kleine Vorfall ereignete, den ich so klar wie möglich darlegen werde, wenn die Firma es hören möchte."

„ Sartin , Fremder! Sartin ! über den Diebstahl des Versammlungshauses !" läutete zwei- oder dreistimmig.

Mein Freund räusperte sich, steckte die Haare hinter die Ohren und begann mit ernstem, glattem Gesicht, aber einem fröhlichen Funkeln in seinen klugen grauen Augen wie folgt:

„ Jedwort, ich sagte, sein Name sei; und ich werde nie vergessen, wie er an einem bestimmten Morgen aussah. Er lehnte an das Eingangstor – oder besser gesagt an den Pfosten, denn das Tor selbst war so eine Fessel, an die sich ein Kind nicht hätte lehnen können, ohne es kaputtzumachen. Und Jedwort war kein Kind. Stellen Sie sich einen stämmigen, gebückten Mann mit Entenbeinen und einem bergigen Rücken vor, der stark an eine Tüte Schrot unter seinem Hemd erinnert, und Sie haben ihn. Dieses imaginäre Mahlgut war immer schwerer geworden, und er beugte sich immer mehr darunter, in den letzten fünfzehn Jahren und mehr, bis sein Kopf und Hals gerade noch zwischen seinen Schultern hervorkamen wie der einer Schildkröte aus ihrem Panzer. Seine Arme hingen beim Gehen fast bis zum Boden herab. Er hatte die Ellbogen nach außen gebeugt und blickte die ganze Welt in der Vorderansicht wie ein watschelndes Verhör in Klammern . Wenn der Mensch jemals ein Vierbeiner war, wie ich einige Leute erzählen hörte, und sich nach und nach von vier auf zwei Beine entwickelte, muss es eine Zeit gegeben haben, sehr früh in seiner Geschichte, in der er sich wie der alte Jedwort bewegte .

„Das Tor war zu seiner Zeit ein sehr gutes Tor. Es war sogar ein vornehmes Tor gewesen, als Jedwort durch die Heirat mit seiner Frau, die es von ihrem Onkel erbte, in den Besitz des Ortes gelangte. Das war etwa zwanzig Jahre her, und seitdem lag alles im Verfall.

„ Jedwort selbst war moralisch gesehen dem Untergang geweiht. Als ich ihn zum ersten Mal kannte, war er ein mittelmäßiger, anständiger Mann; und ich schätze, da muss etwas Außergewöhnliches an ihm gewesen sein, sonst hätte er nie eine solche Frau bekommen können. Aber dann heiraten Frauen, manchmal aus unerklärlichen Gründen. Ich habe geradezu hässliche und unangenehme Kerle kennengelernt, mit denen man umgehen konnte, bis sie nach und nach ein hübsches Mädchen von etwas in ihnen fasziniert, das niemand sonst sehen konnte, und sie dann trotz allem heirateten; – genau wie Sie vielleicht gesehen haben Ein Magnetisierer auf der Bühne lässt seine Motive genau das tun, was er will, oder eine schwarze Schlange bezaubert einen Vogel. Sprechen Sie über Frauen, die unter solchen Umständen mit offenen Augen heiraten! Sie heiraten nicht mit offenen Augen: Sie werden gewissermaßen eingeschläfert und sind nicht mehr als zur Hälfte für das verantwortlich, was sie tun, wenn sie das sind. Dann erhebt sich die Frage, die klügeren Köpfen als jedem von uns hier Kopfzerbrechen bereitet hat und noch mehr Kopfzerbrechen bereiten wird, bis sich die Gesellschaft von dem unterscheidet, was sie jetzt ist: Wie sehr muss eine gebildete und sensible Frau rechtlich gesehen unter einem groben und abscheulichen Herrn leiden? rief ihren Mann, bevor sie das Recht hatte, einen schlechten Handel abzubrechen, an dessen Abschluss sie kaum beteiligt war. Ich habe heute Abend hier gesessen und von Männern gehört, die unter falschen Vorwänden an Waren gelangt sind ; Sie haben einige erstaunlich große Geschichten erzählt, meine Herren, über Schurken, die Pferde und Schlitten stehlen; und ich werde Ihnen von dem Mann erzählen, der ein Versammlungshaus gestohlen hat; aber wenn alles gesagt ist, denke ich, dass man feststellen wird, dass die Diebstähle weitaus außergewöhnlicher sind als alles, was oft unter unseren eigenen Augen vor sich geht, und niemand nimmt davon Notiz. Es gibt so etwas, meine Herren, wie unter falschen Vorwänden Herzen zu gewinnen . Es gibt so etwas wie einen Mann, der eine Frau stiehlt.

„Ich spreche mit Gefühl zu diesem Thema, denn ich hatte die Gelegenheit zu sehen, was Mrs. Jedwort von einem Mann ertragen musste, den keine Frau ihres Schlags nur verabscheuen konnte. Sie war das geduldigste Wesen, das Sie je gesehen haben. Sie war sogar zu geduldig. Wenn ich an ein solches Junges gebunden gewesen wäre, hätte ich meiner Meinung nach die schönen und gütigen Eigenschaften einer Wildkatze entwickeln sollen; Es hätte einen guten Kampf gegeben, und einer von uns wäre am Leben gewesen, und der andere wäre tot gewesen, und das wäre das Ende gewesen. Aber Frau Jedwort trug unaufhörlich unermessliches Elend und eine große Anzahl von Kindern zur Welt. Sie hatte neun davon gehabt, und drei befanden sich unter der Grasnarbe und sechs darüber, als Jedwort mit dem Versammlungshaus davonlief, wie ich Ihnen jetzt erzählen werde. Da war Maria, das älteste Mädchen, ein perfektes Bild dessen, was ihre Mutter mit neunzehn gewesen war. Dann waren da noch die beiden Jungen Dave und Dan, trotz ihres Vaters nette junge Kerle. Dann kamen Lottie und Susie und dann Willie, ein kleiner Vierjähriger.

„Es war erstaunlich zu sehen, was die Mutter tun würde, um mit den wenigen Mitteln, die sie hatte, für ein anständiges Erscheinungsbild ihrer Familie zu sorgen. Denn Jedwort war die engste Schraube, die Sie je gesehen haben. Es war die Gier, die ihn verwöhnt hatte und die ihn beinahe in ein Biest verwandelt hätte. Die Jungs sagten immer, er sei so gebeugt geworden, als er im Dreck nach Pennys suchte. Das galt für seinen Geist, wenn nicht für seinen Körper. Er war ein armer Mann und ein ziemlich angesehener Mann, als er seine Frau heiratete; Doch kaum war er in den Besitz eines kleinen Grundstücks gekommen, wurde er schon verrückt nach mehr.

„Es gibt eine Menge Männer auf der Welt, die niemand für Monomanen hält und die auf diese Art verrückt sind. Sie sind alle dafür, Geld anzuhäufen, sich selbst Komfort und ihren Familien die Vorteile der Gesellschaft und der Bildung zu entziehen, nur um jedes Jahr ein paar Dollar zu ihrem Schatz hinzuzufügen; und so machen sie bis zu ihrem Tod weiter und überlassen es ihren Kindern, denen es viel besser gehen würde, wenn sie etwas mehr in die

Erziehung ihres Geistes und ihrer Manieren investiert hätten und weniger in Aktien und Anleihen.

„Jedwort war nur einer dieser Männer, auch wenn er vielleicht den Fehler, von dem ich spreche, ein wenig übertrieben hatte. Ein Dollar kam ihm so groß vor, und er hielt ihn so nah, dass er am Ende nichts mehr sehen konnte. Nach und nach verlor er jeglichen Respekt vor Anstand und der Meinung seiner Nachbarn. Seine Kinder gingen barfuß, auch nachdem sie großartige Jungen und Mädchen geworden waren, weil er zu geizig war, ihnen Schuhe zu kaufen. Es war erbärmlich zu sehen, wie ein nettes, interessantes Mädchen wie Maria so aussah, während ihr Vater sein Geld auf die Bank stapelte. Sie wollte zur Schule gehen, Musik lernen und jemand sein; aber er wollte kein angeheuertes Mädchen behalten, und so war sie gezwungen, zu Hause zu bleiben und die Hausarbeit zu erledigen; und sie hätte von ihm genauso wenig einen Dollar für Kleidung und Unterricht bekommen können, wie man Saft aus dem Stiel einer Hacke pressen könnte.

„Die einzige Möglichkeit für seine Frau, jemals etwas Neues für die Familie zu bekommen, bestand darin, Butter aus ihrer eigenen Molkerei zu stehlen und sie hinter seinem Rücken zu verkaufen. „Sie brauchen Herrn Jedwort nichts über diese Ladung Butter zu sagen", deutete sie dem Ladenbesitzer an; „Aber Sie können mir das Geld geben, oder ich nehme meinen Lohn in Form von Waren." Auf diese Weise wurde ein neues Kleid oder ein Stück Stoff für die Mäntel der Jungen oder etwas anderes, das die Familie brauchte, ins Haus geschmuggelt, voller Angst und Zittern, der alte Jedwort könnte einen Streit machen und herausfinden, woher das Geld kam.

„Das Haus drinnen war tadellos sauber; aber alles drumherum sah furchtbar schlaff aus. Es wurde ursprünglich in einem ehrgeizigen Stil erbaut und weiß gestrichen. Es hatte vier hohe Vorderpfeiler, die den Teil des Daches stützten, der über die Veranda reichte – was dem Haus, wenn ich mich so ausdrücken darf, die Augenbrauen hob und es so aussehen ließ, als würde es niesen. Die Hälfte der Jalousien war aus den Angeln gerissen, der Rest flatterte im Wind. Die Eingangstür war verrottet. Die Veranda hatte einst einen guten Boden, aber seit Jahren hatte Jedwort die Angewohnheit, dorthin zu gehen, wann immer er ein Brett für den Schweinestall brauchte, bis kein bisschen Boden mehr übrig war.

„Aber ich fing an, von Jedwort zu erzählen , der an diesem Morgen am Tor lehnte. Wir hatten ihn alle bemerkt; Und als Dave und ich die Milch hereinbrachten, fragte seine Mutter: „Was hat dein Vater jetzt vor?" Die Hälfte der Zeit steht er da und schaut die Straße hinauf; oder er geht in einem braunen Arbeitszimmer da entlang.'

„„Er hat ein Auge auf das alte Versammlungshaus geworfen', sagt Dave und stellt seinen Eimer ab. „Er hat es beobachtet und ist ab und zu eine Woche lang darum herumgelaufen."

„Das war die erste Ahnung, was der alte Kerl vorhatte. Aber nach dem Frühstück folgte er mir aus dem Haus, als ob er mir etwas sagen wollte.

„„Stark', sagt er schließlich, ‚Sie haben immer darauf bestanden , dass ich kein unternehmungslustiger Mann bin.'

„'Ich bestehe immer noch darauf ', sage ich; denn ich hatte die Angewohnheit, sehr deutlich mit ihm zu reden und ihn manchmal ziemlich heftig zu scherzen. „Wenn ich diese Farm hätte, würde ich Ihnen Unternehmertum zeigen." Die Schweine sieht man im Garten nur selten, weil es keinen guten Zaun gibt, der sie fernhält. Schon aus Mangel an einem Graben würde man nicht den allerbesten Streifen Land verwüstet sehen. Du würdest die Steinmauer an der Straße nicht Jahr für Jahr einstürzen sehen, bis du sie nach und nach vor lauter Unkraut und Disteln nicht mehr sehen kannst.'

„„Ja', sagt er sarkastisch, ‚Sie würden zehnmal so viel Geld für das Haus ausgeben, wie Sie jemals wieder zurückbekommen würden , daran habe ich keinen Zweifel. Aber ich glaube an die Wirtschaft.'

„Das hat mich ein wenig provoziert und ich sagte: ‚Wirtschaft!' Sie gehören zu den Männern, die für Sixpence einen Feuerstein häuten und ein Klappmesser im Wert von einem Schilling verderben. „Alle drei Jahre verschwendet man so viel Futter und Getreide, dass man einen größeren Stall kaufen kann – ganz zu schweigen von den Unannehmlichkeiten."

„„Wal, Stark', sagt er grinsend und kratzt sich am Kopf, ‚ich habe beschlossen, eine größere Scheune zu haben, wenn ich eine stehlen muss.'

„„Das wird auch nicht das Erste sein, was du gestohlen hast', sage ich.

„Er ist darüber aufgewacht. 'Stahl?' sagt er. „Was habe ich jemals gestohlen?"

„„Nun, zum einen sind die Schienen, die der Neuling im letzten Frühjahr von Talcotts Land auf Ihres abgedriftet hat, und Sie haben sie gepackt: Was war das anderes als Diebstahl?'

„'Das war Glück. Er konnte nicht auf seine Schienen fluchen. Übrigens kommen sie jetzt scherzhaft ins Spiel.'

„„Sie sind bereits ins Spiel gekommen', sage ich. ‚Sie sind an den alten Zäunen überall auf der Farm angekommen, und ich könnte tausend weitere gebrauchen, ohne viel Aufsehen zu erregen.'

„Das liegt daran , dass du bei Schienen genauso dumm und extravagant bist wie bei allem anderen. Ein paar Lasten können von den Zäunen hier und da verschont bleiben, aber auch nicht. Stellt das Team zusammen, Jungs, und stellt genug zusammen, um etwa zehn Zickzackstangen mit einer Höhe von zwei Schienen zu bilden.

„„Zwei Schienen?' sagt Dave, der eine gesunde Verachtung für die engstirnige, engstirnige Art des alten Mannes hegt, Dinge zu erledigen. „Was nützt so ein Zaun?"

„„Es wird sein', sage ich, ‚wie der einzelne Takt in der Musik. Als unser alter Gesangsmeister seine Klasse einmal fragte, was ein einzelner Takt sei, meldete sich Bill Wilkins zu Wort und sagte: „Es ist ein Stab, über den Pferde und Rinder springen und unter dem Schweine und Schafe laufen."

„„Was wollen Sie mit zwei Schienen draußen halten?'

„„Das *Gesetz* , Jungs, das *Gesetz* ', sagt Jedwort . „Ich weiß, worum es geht. Ich werde einen Zaun bauen, unter dem das *Gesetz* weder hindurchlaufen noch darüber springen kann; und die Rinder und Schweine sind mir völlig egal. „Du baust die Schienen, und ich reiße ein paar Bretter vom Schweinestall ab , um daraus Pfähle zu machen."

„„Bretter taugen nichts , aber Pfähle', sagt Dave. „Außerdem kann niemand aus dem Schweinestall verschont bleiben."

„„Ich werde in ein oder zwei Tagen genügend Bretter für vierzig Schweineställe haben', sagt Jedwort . „Bringen Sie die Schienen mit und werfen Sie sie vorerst auf die Straße, und sagen Sie niemandem etwas ."

„„Wir haben die Schienen bekommen und er hat seinen Einsatz gemacht; und gleich nach dem Abendessen rief er uns heraus. „Kommt, Jungs", sagt er, „jetzt werden wir die Eingeborenen in Erstaunen versetzen."

„„Der Wagen stand auf der Straße, die letzten Schienen waren noch darauf. Jedwort stapelte seine Pfähle auf und warf Brechstange und Axt, während wir das Gespann zusammenstellten.

„„Jetzt fahr weiter, Stark', sagt er.

"'Ja; aber wohin soll ich fahren?'

„„Zum alten Versammlungshaus ', sagt Jedwort und trottet voran.

„„Das alte Versammlungshaus stand auf einer offenen Allee an der nordöstlichen Ecke seiner Farm. Ein paar Kreuzungen begrenzten es auf zwei Seiten; und auf den anderen beiden Seiten war es durch die überwucherte Steinmauer von Jedwort begrenzt . Es war ein quadratisches, altmodisches Gebäude mit einem niedrigen Kirchturm und einem

Glockenturm, aber ohne Glocke, und einer hohen, quadratischen Kanzel und hohen, geraden Bänken im Inneren. Es war nun schon einige Zeit her, dass dort Versammlungen stattgefunden hatten; Die alte Gesellschaft, die sich dort zu treffen pflegte, hat sich getrennt, eine Abteilung baute eine modische Kapelle im Norddorf und die andere eine schöne neue Kirche im Zentrum.

„Die Besonderheit des alten Kircheneigentums bestand darin, dass niemand einen Rechtsanspruch darauf hatte. Als das Land zum ersten Mal besiedelt wurde, war dort ein Versammlungshaus aus Holz gebaut worden, und das Land hatte keinen Wert. Im Laufe der Zeit wurde es abgerissen und an seiner Stelle ein gutes Fachwerkhaus errichtet. Da es der gesamten Gemeinde gehörte, wurde nie ein Titel, weder für das Haus noch für das Grundstück, verzeichnet. und erst nach der Auflösung des Vereins kam die Frage auf, wie über die Immobilie zu verfügen sei. Während die alten Diakone sorgfältig darüber nachdachten, war Jed-wort zur Stelle, um die Sache zu regeln, indem er seinen Anspruch geltend machte.

„'Jetzt, Jungs', sagt er, 'ihr seht, was ich vorhabe.'

„'Ja', sagte ich, so provoziert ich auch sein konnte über den gemeinen Trick, ‚und ich wusste die ganze Zeit, dass es so ein Unfug war. Sie zeigen niemals ein Unternehmen, wie Sie es nennen, es sei denn, es geht darum, einen Nachbarn zu gründen. Dann bist du hellwach; dann bist du beschäftigt wie der Teufel im Windsturm.'

„'Aber was *hast* du vor, Papa?' sagt Dan, der den Trick noch nicht erkannt hat.

„Der alte Mann sagt: ‚Ich werde den Rest meiner Farm umzäunen.'

„'Welcher Ruheteil?'

„'Dieser Teil, der nie eingezäunt war; das alte Versammlungshaus .

„'Aber, Papa', sagt Dave, so angeekelt ich auch war, ‚du hast darauf keinen Anspruch.'

„'Wal, wenn nicht , werde ich einen Anspruch geltend machen. Gib mir das Brecheisen. Nun, hier ist die Ecke, so gut ich schielen kann. und er steckte die Stange in die Erde. „Machen Sie einen Zaun von der Mauer hierher, auf beiden Seiten.“

„' Sho , pa!' sagt Dan und sieht verwirrt aus; „Das tust du nicht. “ Willst du das alte Versammlungshaus einzäunen , nicht wahr?

„'Das ist doch der Scherz, den ich machen werde . Gehen Sie und holen Sie sich ein paar große Stuns von der Wand – die größten, die Sie finden können, um die Ecken des Zauns darauf abzustützen. Befestige die Schienen an der Straße, Stark, und hol eine weitere Ladung. Stehen Sie nicht da und glotzen Sie !

„ *Gawpin* '?' sage ich; „Es ist genug, um jeden *zum Staunen zu bringen* ." Du hast alle Viecher besiegt, mit denen ich je zu tun hatte. Hast du deiner Familie nicht schon genug Schande gemacht, ohne ein Versammlungshaus zu stehlen?'

„„Wie habe ich meine Familie in Ungnade gefallen?' sagt er.

„Dann habe ich es ihm vorgelegt. „Schau dir deine Kinder an; Ihre Frau kann nur verhindern, dass sie in Lumpen, Dreck und Unwissenheit aufwachsen, weil Sie zu engstirnig sind, um sie anständig zu kleiden oder zur Schule zu schicken . Schauen Sie sich Ihr Haus und Ihren Garten an. Die Hütte eines Iren in einem solchen Zustand zu sehen, erscheint angemessen, aber ein vornehmes Haus, ein Haus mit Säulen, das so heruntergekommen und verfallen ist, ist ein Schandfleck für die Gemeinschaft. Dann schau dir deine Frau an. Ohne sie hättest du nie ein Eigentum gehabt, das du schlecht verwalten könntest; und sehen Sie, wie Sie Ihre Dankbarkeit dafür zeigen. Du wirst sie nicht in Gesellschaft gehen lassen, noch wirst du zu Hause Gesellschaft haben; Du wirst kein angeheuertes Mädchen ins Haus lassen, aber sie und Maria müssen die ganze Plackerei machen. Ihr macht perfekte Sklaven aus ihnen . Ich schwöre, wenn deine Frau nicht wäre , würde ich keine Stunde länger für dich arbeiten; Aber sie ist die beste Frau der Welt, nach allem, was Sie getan haben, um ihren Geist zu brechen, und ich hasse es, sie zu verlassen.'

„Der alte Kerl wand sich und riss das Brecheisen in den Boden, dann knurrte er zurück: ‚Ja!' Du wartest darauf, dass ich sterbe. dann willst du in meine Fußstapfen treten.'

„„Ich hoffe, Sie haben ein anständigeres Paar als die, die Sie tragen, wenn ich in sie einsteigen soll ', sage ich.

„„Eines daran', sagt er, ‚sie wird dich nicht haben.'

„„Ich sollte denken', sagte ich, ‚eine Frau, die dich heiraten würde, würde ‚fast jeden' haben."

„ So haben wir hin und her geredet, bis er mich nach und nach von den Schienen werfen ließ und ging, um den Jungs zu zeigen, wie man den Zaun baut.

„„Schau her', sagt er; Der Scherz versetzte jede Ecke in Aufruhr; dann legen Sie Ihre Schiene auf; Dann fahren Sie mit Ihren Pflöcken darüber wie mit einem Buchstaben X.' Er fuhr ein Paar. „Jetzt zieh deinen Reiter an. Da ist Ihr Buchstabe X, der ein Schienenstück fährt und ein anderes trägt . Das ist es , was ich nenne , Ihr Alphabet einem praktischen Nutzen zuzuführen ;

und ich sage, es macht keinen Sinn , mehr Bildung zu haben , als man in die Praxis umsetzen *kann* . Ich habe genug gelernt, um in der Welt zurechtzukommen ; Und wenn meine Jungs so viel haben wie ich, machen sie mit . Jetzt arbeiten Sie fleißig, denn da kommt Diakon Talcott.'

„'Wal, wall' sagt der Diakon und kommt vor Aufregung schnaufend heran; „Was machst du mit dem alten Versammlungshaus ?"

„'Wal', sagt Jedwort , während er auf seinem Scheiterhaufen davonfährt und nie aufsieht, ,ich habe eine Zeit lang darüber nachgedacht , was ich damit machen soll, und bin zu dem Schluss gekommen, darauf eine Scheune zu bauen .'

„'Baue eine Scheune! Baue eine Scheune!' schreit der Diakon. „Wer gibt euch die Freiheit, aus dem Haus Gottes eine Scheune zu machen?"

„'Niemand; Ich nehme mir die Freiheit. Warum sollte ich nicht mit meinem eigenen Eigentum machen, was ich will ?

„'Eigenes Eigentum – was meinst du? „ Das ist nicht dein Versammlungshaus ."

„'Wem gehört das nicht , wenn's nicht mir gehört ?' sagt Jedwort , hebt den Kopf seiner Schildkröte zwischen seinen horizontalen Schultern hervor und grinst dem Diakon ins Gesicht.

„'Es gehört der Gesellschaft', sagt der Diakon."

„'Aber die Gesellschaft hat ihre Einsätze eingezogen und ist abgehauen.'

„'Es gehört den Individuen der Gesellschaft – den Individuen …'

„'Wal, ich bin ein Individuum ', sagt Jedwort .

„'Du! „ Du hast dich in deinem Leben noch nie ein Dutzend Mal hier getroffen !"

„'Ich hatte nie meinen Anteil am alten Meet-in-House, das ist eine Tatsache', sagt Jedwort ; „Aber ich werde es jetzt wieder gutmachen."

„'Aber wofür umzäunen Sie die Gemeinde?' sagt der Diakon.

„'Es wird eine gute Kalbsweide ergeben ' . Davon habe ich auch noch nie meinen Anteil gehabt . Ich habe die Schweine und Tiere meiner Nachbarn nicht lange genug laufen lassen; und jetzt mache ich einen Scherz Ich werde mein Eigentum in Besitz nehmen.

„'Dein eigenes!' sagt der Diakon völlig bestürzt. „Du hast keine Urkunde darüber ."

„'Wal, hast du?'

„„Nein – aber – die Gesellschaft –‘

„„Die Gesellschaft , das sage ich euch‘, sagt Jedwort , hält seinen Kopf länger hoch, als ich ihn je kannte, und grinst die ganze Zeit in Talcotts Gesicht – ‚die Gesellschaft ist gespalten in Stücke. Es gibt jetzt keine Gesellschaft mehr – genauso wenig wie ein Schwein ein Schwein ist , das man geschlachtet hat und es nicht mehr tut . Ihr seid nicht die Sau unter euch und habt mir den Stift hinterlassen. Die Gesellschaft hatte nie eine Urkunde über dieses Eigentum ; Und niemand hatte jemals eine Tat hiervon Eigentum . Der Großvater meiner Frau war, als er das Land hier bezog, ein gutmütiger Mann und stellte seinen Nachbarn eine Ecke zur Verfügung, auf der sie eine provisorische Unterkunft errichten konnten meetin' -house. Das war schließlich aufgebraucht – die Art von Predigten , die sie tagelang hatten, reichte aus, um in kurzer Zeit jedes Haus zu verbrauchen, das nicht feuerfest war ; und als dies zunichte gemacht wurde, errichteten sie an seiner Stelle einen weiteren Unterschlupf. Das ist es. Und wenn das Land nicht mehr für den Zweck genutzt wird , für den es geliehen wurde, geht es natürlich an das Grundstück zurück, von dem es genommen wurde, und das Gebäude gehört dazu.

„„Das ist alles eine reine Erfindung‘, sagt der Diakon. „Dieses Land war nie Teil Ihrer heutigen Farm, genauso wenig wie es Teil meiner war."

„„Wal‘, sagt Jedwort , ‚ich sehe es auf meine Art und Weise, und du hast vollkommen das Recht, es auf deine Art zu betrachten. Aber ich werde auf Nummer sicher gehen, indem ich einen Zaun um den Rumpf baue .

„‚Und du benutzt dafür einige meiner Schienen!' sagt der Diakon.

„„Kannst du schwören, dass es deine Schienen sind?'

"Ja, ich kann; Das sind die Schienen, die das Frischling letzten Frühling von meiner Farm mitgenommen hat und auf Ihrer gelandet ist .‘

„„ Das habe ich euch sagen hören. Aber kann man auf die einzelnen Schienen schwören? Kannst du zum Beispiel schwören: „Hier ist deine Schiene?" oder dieses „ere one?"

"NEIN; Ich kann nicht genau auf die beiden schwören – aber ..."

„„Kannst du diesen beiden schwören? oder an ein oder zwei?' sagt Jedwort . „Nein, das kannst du nicht. Sie können auf alles im Allgemeinen schwören, aber Sie können nicht auf eine bestimmte Schiene schwören, und diese Art von Schwören hält dem Gesetz nicht stand, Diakon Talcott. Ich rühme mich nicht, ein gebildeter Mann zu sein, aber ich weiß genau , was Gesetz ist, und wenn ich es weiß, stelle ich mir eine Linie vor, und ich halte mich an diese Linie, und ich lasse meine Nachbarn diese Linie einhalten, Diakon Talcott. Neun Punkte des Gesetzes sind Besitz, und ich werde dieses Haus und Land in Besitz nehmen, indem ich es einzäune ; Und obwohl jeder, der nicht vorbeikommt, sagen sollte, dass „diese Schienen ihnen gehören", werde ich es mit diesen „eigentlichen Schienen" einzäunen.

„ Jedwort sagte dies, schüttelte seinen eigensinnigen alten Kopf und grinste mit kämpferisch nach oben gerichtetem Gesicht den Diakon an; Dann machte er sich wieder an die Arbeit, als ob er die Frage geklärt hätte und nicht weiter darüber diskutieren wollte.

„Was Talcott betrifft, er war zu voller Zorn und kochender Empörung, um auf eine solche Rede zu antworten. Er wusste, dass es Jedwort gelungen war, ihm in Bezug auf die Schienen einen Vorsprung zu verschaffen, indem er ein paar seiner eigenen mit denen vermischte, die er gestohlen hatte, sodass niemand sie unterscheiden konnte; und er erkannte sofort, dass das Versammlungshaus in Gefahr war, den gleichen Weg zu gehen, nur aus Mangel an einem Eigentümer, der einen eindeutigen Eigentumstitel für das Grundstück beschwören konnte. Er tat genau das Klügste, als er seinen Ärger herunterschluckte und sich beeilte, die führenden Männer der beiden Gesellschaften zu alarmieren und einen Anwalt zu konsultieren.

„‚Er wird die Altstadt aufwühlen wie ein Hummelnest', sagt Jedwort . „Beeilt euch, Jungs, sonst summt es uns um die Ohren, bevor wir durchkommen !"

„‚Ich wünschte, du würdest es nicht tun, Papa!' sagt Dave: „Warum kümmern wir uns nicht um unsere eigenen Angelegenheiten und sind anständig wie andere Leute?" Ich habe dieses Leben satt.'

„‚Dann hören Sie damit auf', sagt Jedwort .

„‚Sagst du mir, ich soll damit aufhören?' sagt Dave und lässt das Ende einer Schiene fallen, mit der er gerade hantiert hat.

"'Ja, das tue ich; und tu es schnell, wenn du deinem Vater keinen gebührenden Respekt erweisen kannst!"

„Dave wurde kreidebleich und zitterte, als er antwortete: ‚Ich würde Ihnen gerne Respekt erweisen, wenn Sie ein Mann wären , vor dem ich Respekt empfinden könnte.'

„Da packte Jedwort die Eisenstange, die in der Erde steckte, wo er ein Loch für einen Pfahl gebohrt hatte, und zog sie weg. „Ich werde ein Loch in dich bohren!" sagt er. „Es reicht aus, einen frechen Lohnarbeiter bei sich zu haben, ohne von den eigenen Kindern verblüfft zu werden! "

„Dave war außer Reichweite, als die Stange aus dem Boden kam.

„'Komm her, du Bösewicht!' sagt der alte Mann.

„'Ich möchte lieber entschuldigt werden', sagt Dave und zieht sich zurück. „Ich möchte heute keine Pflocklöcher in mir hinterlassen." Du hast mir gesagt, ich soll aufhören, und das werde ich auch tun. Du könntest in Zukunft deine eigenen Versammlungshäuser stehlen; Ich werde nicht helfen.'

„Es war ein kurzes Rennen. Daves junge Beine erwiesen sich als völlig zu schlau für die des alten Watschlers , und er stieg aus. Dann kam Jedwort keuchend und schwitzend mit seiner Eisenstange zurück und wandte sich brutal gegen mich.

„Ich habe eine gute Idee, dir auch zu sagen, dass du gehen sollst!"

„'Na gut, warum nicht?' sagt ich. „ Ich bin bereit."

„Es gibt kein Leben mehr mit dir, du wirst so dämlich frech!' Wofür ich dich behalte, ist mir ein Rätsel.'

„'Nein, das ist es nicht ; Du behältst mich, weil du keinen anderen Mann finden kannst, der meinen Platz einnimmt. Du hast mich für das Geld, das ich dir einbringe, in Kauf genommen.'

„'Warten Sie', sagt er, ,und holen Sie sich noch eine Ladung Schienen. Wenn Sie Dave sehen, sagen Sie ihm, er soll wieder zur Arbeit kommen.'

„Ich habe Dave gesehen, aber anstatt ihm zu sagen, er solle zurückgehen, habe ich ihm geraten, das alte Zuhause zu verlassen und woanders seinen Lebensunterhalt zu verdienen. Seine Mutter und Maria stimmten mir zu; und als der alte Mann an diesem Abend nach Hause kam, war Dave weg.

„Als ich mit meiner zweiten Ladung zurückkam, traf ich die Nachbarn zusammen, um dem Diebstahl des alten Versammlungshauses beizuwohnen, und Jedwort antwortete auf ihre Einwände.

„'Ein Versammlungshaus ist eine respektable Art von Anwesen ', sagt er. „Der Kirchturm hinter meinem Haus wird eine gute Figur machen." Wenn Leute vorbeifahren, bleiben sie stehen, schauen nach und sagen: „Da ist ein Mann, der sein eigenes privates Versammlungshaus hat." Ich kann auch predigen , wenn ich möchte . „Ich kann einen eigenen Prediger engagieren, oder ich kann selbst predigen und mir die Kosten sparen."

„Natürlich konnten weder Sarkasmus noch Argumente bei einem solchen Mann etwas bewirken. Als die Nachbarn weggingen, rief Jedwort ihnen nach : „Rufen Sie noch einmal an . " Freut mich, Sie zu sehen. „In ein paar Tagen wird es mehr Sport geben, wenn ich das bescheuerte Ding wegnehme." (Das verdummte Ding war das Versammlungshaus.) „Ich lade euch alle ein, die Show zu sehen." Kostenlos gratis. Es wird gut wie ein Zirkus sein und ein billiger Anblick. Die Frauen können ihre Stricksachen mitbringen und die Mädels ihre ewigen Tattins . Da es eine Art fromme Show sein wird, da es sich um ein Versammlungshaus handelt , werde ich wohl am Sonntag zuvor Mitteilungen von den Kanzeln herausgeben. “

„Der Gemeinschaftsbereich war bei Sonnenuntergang eingezäunt; und am nächsten Tag beauftragte Jedwort einen Umzugshelfer aus dem Norddorf, um zu sehen, was mit dem Gebäude gemacht werden könne. „Kannst du es vorbeischlängeln und es hinter meinem Haus abwerfen?“ sagt er.

„Es wird eine harte Arbeit“, sagt der alte Bob, „ohne dass du den Kirchturm sofort abreißt.“

„Aber Jedwort sagte: ‚Was ist ein Versammlungshaus ohne Turm? ‘ Ich habe mein ganzes Herz auf diesen Kirchturm gerichtet, und ich werde bei dieser Sorge, jetzt habe ich angefangen, ganz bestimmt die Vollgas geben.

„‚Ich schwöre‘, sagt Bob und untersucht die Balken, ‚ich werde es nicht garantieren, aber das alte Ding wird ganz umfallen.‘

„'Ich werde es widerlegen .'

"'Ja; aber wer wird das Leben von mir und meinen Männern riskieren ?'

„Oh, du wirst sehen, ob es echt ist Ich werde stolpern und aufpassen. Ich werde dich engagieren und meine Jungs werden den gefährlichsten Teil der Arbeit erledigen. Ich wäre verblüfft, wenn ich nicht bereit wäre, auf den Kirchturm zu steigen und die Glocke zu läuten, falls es eine gibt.‘

„Ich habe noch nie gehört, dass die versprochenen Bekanntmachungen von den Kanzeln verlesen wurden; aber es dauerte nicht viele Tage, bis Bob wieder vorbeikam und dieses Mal seine Schrauben, Seile und Rollen, seine Männer und Balken, sein Pferd und seine Winde mitbrachte; und schließlich hätte man das alte Haus auf seinen Reisen sehen können.

„Es war rundherum eine aufregende Zeit. Die Gesellschaften kamen zu dem Schluss, dass Jedworts Zaun ihm den ersten Anspruch auf Haus und Land verschaffte, es sei denn, es wurde eine regelmäßige Belagerung durch das Gesetz durchgeführt, um ihn zu vertreiben – und dann könnte sich herausstellen, dass er sie schlagen würde. Einige sagten, kämpfe gegen ihn; Einige sagten, lass ihn in Ruhe – das ist es nicht wert, dafür vor Gericht zu gehen; Und da sich die führenden Männer nicht darauf einigen konnten, was getan werden sollte, wurde nichts unternommen. Das war genau das, was Jedwort erwartet hatte, und er lachte in sich hinein, während Bob und seine Jungs das alte Versammlungshaus zusammenbauten, ihre Balken darunter befestigten, es auf Rollen stellten, es herumschleuderten und es auf den Boden gleiten ließen Balken, die dafür auf Jedworts Feld gelegt wurden, mit dem Kirchturm voran, wie eine Lokomotive auf einem Gleis.

„Es war eine anstrengende Zeit für die Frauen zu Hause. Maria hatte erklärt, dass sie, wenn ihr Vater weiterhin darauf bestehen sollte, das Versammlungshaus zu stehlen, keinen einzigen Tag bleiben würde, sondern Dave folgen würde.

„Das hat mich ziemlich berührt, denn ehrlich gesagt war es eher Maria als ihre Mutter, die mich bei der Arbeit für den alten Mann hielt. „Wenn du gehst", sage ich, „dann habe ich keinen Grund zu bleiben; Ich werde auch gehen.'

„„Das habe ich vermutet', sagt sie; „denn es gibt keinen Grund auf der Welt, warum du bleiben solltest." Aber dann wird Dan gehen; Und wer bleibt übrig, um sich auf die Seite der Mutter zu stellen? Das ist es, was mich beunruhigt. Oh, wenn sie nur auch gehen könnte! Aber sie wird es nicht tun; und sie könnte es nicht, wenn sie wollte, da die anderen Kinder von ihr abhängig waren. Lieber, Schatz! was sollen wir tun?'

„Das arme Mädchen legte ihren Kopf auf meine Schulter und weinte; Und wenn ich die Wahrheit wahrhaben sollte, weinte ich wohl auch ein wenig. Denn wo ist der Mann, der den Kopf einer süßen Frau auf seiner Schulter halten kann, während sie über ihre Sorgen schluchzt, und der keine Macht hat, ihr zu helfen – der, sage ich, unter solchen Umständen weniger tun kann, als einen fallen zu lassen? Träne oder zwei als Gesellschaft?

„'Egal; „Beeilen Sie sich nicht", sagt Frau Jedwort. „Seien Sie geduldig und warten Sie eine Weile, dann wird alles gut, da bin ich mir sicher."

„„Ja, du sagst immer: ‚Habe Geduld und warte!", sagt Maria und streicht sich die Haare zurück. „Aber ich für meinen Teil habe das Warten satt und meine Geduld ist schon lange am Ende. Wir können nicht immer so leben, und wir können genauso gut jetzt wie eh und je eine Änderung vornehmen. Aber ich kann den Gedanken nicht ertragen, dich zu verlassen und zu verlassen.'

„Hier kamen die beiden jüngeren Mädchen herein; Und als sie sahen, dass Weinen an der Tagesordnung war, fingen sie an zu weinen; und als sie hörten, wie Maria davon sprach, zu gehen, erklärten sie, dass sie gehen würden; und sogar der kleine Willie, der Vierjährige, begann zu heulen.

„'Dort Dort! Maria! Lottie! Susie! sagte Frau Jedwort auf ihre ruhige Art; „Willie, sei still! Ich weiß nicht, was wir tun sollen; Aber ich habe das Gefühl, dass etwas passieren wird, das uns den richtigen Weg zeigt, und wir müssen warten. Jetzt geh und spül das Geschirr ab und lege den Käse hin.'

„Das war kurz nach dem Frühstück, am zweiten Tag des Umzugs; Und tatsächlich passierte so etwas wie das, was sie prophezeite, vor einer anderen Sonne.

„Der alte Rahmen hielt ziemlich gut zusammen, bis der Kirchturm gegen Abend Anzeichen von Ablösung zeigte. 'Da geht sie! Sie fällt jetzt!' riefen die Jungs, die den ganzen Tag herumlungerten und hofften, das Ding fallen zu sehen.

„Das Haus befand sich damals nur wenige Meter von der Stelle entfernt, an der Jedwort es haben wollte; Aber Bob blieb genau dort stehen und sagte, es sei nicht sicher, es noch einen Zentimeter weiterzuziehen. „Der Kirchturm wird bestimmt einstürzen, wenn wir das tun", sagt er.

„'Bei keinem dummen Anblick, das ist es nicht ', sagt Jedwort , 'diese Cracks sind es nicht. ' nichts '; Die J'ints sind ganz fest, ja .' Er wollte, dass Bob hinaufging und nachsah; aber Bob schüttelte den Kopf – die Sorge schien zu unsicher. Dann sagte er mir, ich solle hinaufgehen; aber ich sagte, ich hätte noch nicht lange genug gelebt und wäre ein bisschen lieber, wenn ich meine Pfeife auf *festem Boden rauche* . Dann begannen die Jungs zu johlen. „Ich bin verblüfft, wenn ihr nicht alle Feiglinge seid", sagt er. „Ich gehe selbst hinauf."

„Wir haben draußen gewartet, während er hineingeklettert ist. Die Jungen sprangen auf den Boden, um den Kirchturm zu erschüttern und ihn zum Einsturz zu bringen. Einer von ihnen blies in ein Horn – wie er sagte, um den alten Jericho zu Fall zu bringen – und ein anderer dachte, er würde der Sache helfen, indem er das Pferd ankurbelte und dem Gebäude einen kleinen Ruck gab. Aber Bob hat dem ein Ende gesetzt; und schließlich kam ein Kopf aus dem Glockenturmfenster heraus; Es war Jedwort , der zu uns herabschrie: „Da gibt es kein Schwert und keine Klammer . " Starten Sie den Hoss, und ich reite. Gib mir das Horn hoch und-'

„Gerade in diesem Moment kam es zu einem Knacken und Lösen der Balken; und wir, die am nächsten standen, hatten gerade noch Zeit, aus dem Weg zu springen, als der Kirchturm mit Jedwort darin zu Boden stürzte ."

„Ich hoffe, es hat den Fluch erstickt", sagte einer der Geschichtenerzähler des Dorfes.

„Schlimmer noch", antwortete mein Freund; „Es hat ihm einfach den Schädel zerschmettert – nicht genug, um seinem elenden Leben ein Ende zu setzen, sondern nur, um ihm das bisschen Verstand zu nehmen, das er hatte. Wir brachten die Ärzte zu ihm und sie flickten seinen gebrochenen Kopf; Und, bei George, es machte mich wahnsinnig zu sehen, wie viel Aufhebens die Frauen um ihn machten. Es wäre meine Art gewesen, ihn sterben zu lassen; aber sie waren ihm gegenüber so besorgt und aufmerksam, als wäre er der freundlichste Ehemann und nachsichtigste Vater gewesen, der je gelebt hat; denn das ist der Stil von Frauen: Sie sind unvernünftige Geschöpfe.

„Gegen Morgen überredeten wir Frau Jedwort , die die ganze Nacht wach gewesen war, sich einen Moment hinzulegen und ein wenig auszuruhen, während Maria und ich uns aufsetzten und mit dem alten Mann zusahen. Bis auf unser Flüstern und sein schweres Atmen war alles still; im Nebenzimmer brannte eine Lampe; als plötzlich ein Licht in die Fenster schien und wir ungefähr zur gleichen Zeit ein dröhnendes und knisterndes Geräusch hörten . Wir schauten hinaus und sahen, wie die Nacht wie von einem großen Feuer erleuchtet war. Da es auf der anderen Seite des Hauses zu sein schien, rannten wir zur Tür, und dort sahen wir, was außer dem alten Versammlungshaus in Flammen stand! Einige Kerle hatten es angezündet, um Jedwort zu ärgern . Es muss schon seit einiger Zeit drinnen gebrannt haben; denn als wir hinaussahen, waren die Flammen bereits durch das Dach geschlagen.

„Da es in der Nacht völlig still war, abgesehen von einem leichten Wind, der von den anderen Gebäuden auf dem Gelände wehte, schlugen wir keinen Alarm, sondern standen einfach in der Tür und sahen, wie es brannte. Und es war für uns ein froher Anblick, da können Sie sicher sein. Ich drückte Maria einfach an meine Seite und sagte ihr, dass alles in Ordnung sei – es sei das Beste, was passieren konnte. „O ja“, sagt sie, „es kommt mir vor, als würde eine gütige Vorsehung seine Sünde und sein Zuhause vor unseren Augen verbrennen.“

„Ich hatte ihr noch nie etwas über die Ehe gesagt – denn die Zeit dafür schien nie gekommen zu sein; Aber es gibt nichts Besseres als ein wenig Aufregung, um die Dinge auf den Punkt zu bringen. Sie haben gesehen, wie sich Wasser in einem Glas gerade am Gefrierpunkt befand, aber noch nicht ganz in der Lage war, sich zum Gefrieren zu entschließen, als sich in einem kleinen Glas Kristalle bildeten und in einer Minute die Flüssigkeit zu Eis wurde. Es war der Schock der Ereignisse in dieser Nacht, der mein Leben in Kristalle verwandelte – keineswegs aus Eis, meine Herren.

„Nachdem das Feuer so weit fortgeschritten war, dass das Versammlungshaus zerstört war, wurde wahrscheinlich von den Leuten, die es gelegt hatten, Alarm gegeben, und hundert Menschen waren vor Ort, bevor das Ding zu Ende brannte.

„ Natürlich haben diese Umstände dem Auseinanderbrechen der Familie ein Ende gesetzt. Dave wurde geholt und kam nach Hause. Als wir dann sahen, dass das Gehirn des alten Mannes so verletzt war, dass er wahrscheinlich nicht wieder zu sich kommen würde, machten sich die Jungs und ich an die Arbeit und führten auf der Farm einen Sanierungskurs durch, der Ihren Augen gutgetan hätte sehen. Die Kinder wurden zur Schule geschickt, und Frau Jedwort hatte jetzt so viel Geld, wie sie brauchte, um sie zu kleiden und das Haus mit Annehmlichkeiten zu versorgen, ohne ihre eigene Butter zu stehlen. Jedwort war eine Last; aber trotz ihm war das für die nächsten vier Jahre so ziemlich die glücklichste Familie, die jemals auf diesem Planeten gelebt hat.

„ Jedwort wurde bald wieder gesund, aber ich glaube nicht, dass er nach seiner Verletzung einen von uns wieder kannte. Soweit ich seinen Geisteszustand beurteilen konnte, glaubte er, er sei in eine Art Tier verwandelt worden. Er schien geneigt zu sein, mich für einen Herrn zu halten, und vier Jahre lang folgte er mir wie ein Hund. Während dieser Zeit sprach er nie, sondern jammerte und knurrte nur. Als ich sagte: „Leg dich hin", legte er sich hin; und als ich pfiff, kam er.

„Ich habe ihn manchmal arbeiten lassen; und bestimmte einfache Dinge würde er sehr gut tun, solange ich in der Nähe war. Eines Tages musste ich einen Haufen Heu reinholen; und da die Jungs weg waren, dachte ich, ich lasse ihn es laden. Ich legte es auf den Wagen, wo es eigentlich liegen sollte, und wartete nur darauf, dass er es einpackte. Es stellte sich heraus, dass die Ladung größer war, als ich erwartet hatte, und je höher sie wurde, desto schlechter wurde ihre Form, bis sie schließlich, als ich sie in Richtung Scheune schickte, davonrollte und der alte Mann mit dem Kopf dabei war in erster Linie.

„Er prallte gegen einen Steinhaufen und einen Moment lang dachte ich, er wäre getötet worden. Aber er sprang auf und sprach zum ersten Mal. „ *Ich werde blasen* ", sagt er und beendet damit den Satz, den er vier Jahre zuvor begonnen hatte, als er dazu aufrief, das Horn an ihn weiterzugeben.

„Ich hätte nicht viel erstaunt sein können, wenn eines der Pferde gesprochen hätte. Aber ich sah sofort, dass Jedworts Gesicht einen Ausdruck hatte , den es seit seinem Sturz im Glockenturm nicht mehr gegeben hatte; und ich wusste, dass ein weiterer Schlag sie wieder zu Boden geworfen hatte, da ihm durch einen Schlag auf den Kopf der Verstand geraubt worden war .

„'Wo ist Bob?' sagt er und blickt sich um.

"'Bob?' sagt ich und denke zunächst nicht darüber nach, wen er meinte. Oh, Bob ist tot – er ist schon seit drei Jahren tot.'

„Ohne meine Antwort zu bemerken, rief er: ,Wo kommt das ganze Heu her?' Wo ist das alte Versammlungshaus ?

„'Weißt du das nicht?' sagt ich. „Einige Schurken haben es in der Nacht, nachdem du verletzt wurdest, in Brand gesteckt und es verbrannt."

„Da schien ihm gerade erst klar zu werden, dass etwas Außergewöhnliches passiert war.

„'Stark', sagt er, ,was ist los mit dir? Du bist verändert.'

„'Ja', sage ich, ,ich trage jetzt meinen Bart, und ich bin älter geworden!'

„'Blöd, wenn' das nicht seltsam ist!' sagt er. „Stark, was zum Teufel ist mit *mir los?"*

„'Sie haben in den letzten vier Jahren das Versammlungshaus im Kopf gehabt', sage ich; „Das ist es."

„Es dauerte einige Zeit, bis ich ihm klar machen konnte, dass er den Verstand verloren hatte und dass er so lange keine Ahnung hatte.

„Dann sagte er: ‚Ist das meine Farm?'

„'Weißt du es nicht?' sagt ich.

„Es sieht schicker aus als je zuvor', sagt er.

„‚Ja', sage ich; „Und Sie werden feststellen, dass alles andere im Ort auf die gleiche Art und Weise aufpoliert ist."

„Wo ist Dave?' sagt er.

„Dave ist in die Stadt gegangen, um sich um den Verkauf der Wolle zu kümmern.'

„Wo ist Dan?'

„Dan ist auf dem College. Er hat eine große Vorstellung von der Medizin; und wir werden einen Arzt aus ihm machen.'

"'Wessen Haus ist das?' sagt er, als ich ihn nach Hause brachte.

„Kein Wunder, dass Sie es nicht wissen', sage ich. ‚Es wurde gestrichen, mit Schindeln versehen und mit neuen Jalousien versehen; die Tore und Zäune sind alle in erstklassigem Zustand; „Und das ist eine neue Scheune, die wir vor ein paar Jahren gebaut haben."

„Woher kommt das Geld, um all diese Verbesserungen vorzunehmen?'

„Es ist völlig in Ordnung', sage ich. ‚Wir haben uns nicht den ersten Cent für irgendetwas verschuldet, aber wir haben die Farm profitabler gemacht als je zuvor.'

„'Ist das *mein* Haus?' wiederholte er verwundert, als wir uns ihm näherten. „Was ist das für ein Geräusch?"

„Das ist Lottie, die ihre Klavierstunde übt.'

„'Ein Klavierspieler in meinem Haus?' er murmelte. „Das kann ich nicht ertragen!" Er hörte zu. „ Aber es hört sich albern an !"

„'Ja, es hört sich wirklich hübsch an, und ich denke, es wird dir gefallen. Wie gefällt dir der Ort?'

"'Es *sieht aus* pooty .' Er begann. „Welche junge Dame ist das?"

„Es war Lottie, die ihre Musik zurückgelassen hatte und am Fenster stand.

„'Mein Vater ! Sagt ihr nicht! Ich wäre verblüfft, wenn sie nicht ein wirklich nettes Mädchen wäre .'

„'Ja', sage ich; „Sie kommt nach ihrer Mutter."

„In diesem Moment rannte Susie, die das Gespräch gehört hatte, zur Tür.

„'Wer ist das denn ?' sagt Jedwort .

"Ich sagte ihm.

„'Wal, *sie ist* ein wirklich hübsches Mädchen !'

„'Ja', sage ich, sie kommt nach ihrer Mutter.'

„Der kleine Willie, jetzt acht Jahre alt, kam mit Pfeil und Bogen in der Hand aus dem Holzschuppen und starrte wie eine Eule, als er seinen Vater reden hörte.

„'Welcher Junge ist das?' sagt Jedwort . Und als ich es ihm erzählte, murmelte er: „Er ist ein hässlich aussehender Bengel!"

„'Er ist eher wie sein Vater', sage ich.

„Die Wahrheit ist, dass Willie ein so guter Junge war, dass der alte Mann Angst hatte, ihn zu loben, aus Angst, ich würde von ihm sagen, wie ich von den Mädchen gesagt hatte, dass er seine Mutter bevorzugte.

„Susie rannte zurück und gab Alarm; Und dann kamen Mutter und Maria mit ihrem Baby im Arm heraus, denn ich hatte vergessen, Ihnen zu sagen, dass wir nun schon fast zwei Jahre verheiratet waren.

„Nun, die Frauen waren genauso erstaunt wie ich, als Jedwort zum ersten Mal gesprochen hatte, und noch viel mehr erfreut. Sie zogen ihn ins Haus; und ich muss sagen, dass er sich bemerkenswert gut benommen hat. Er betrachtete immer wieder seine Frau, seine Kinder, sein Enkelkind, die neuen Tapeten an den Wänden und die neuen Möbel und stellte ab und zu eine Frage oder machte eine Bemerkung.

„'Jetzt fällt mir alles wieder ein', sagt er schließlich. „Ich dachte, ich lebe auf dem Mond, mit einer überlegenen menschlichen Rasse ; und das ist der Ort, und ihr seid das Volk.'

„Es dauerte nicht länger als ein paar Tage, bis er anfing, herumzuschnüffeln, Fehler zu finden und sich über die Kosten zu beschweren; und ich sah, dass die Gefahr bestand, dass die Dinge wieder in ihren früheren Zustand zurückfielen. Also nahm ich ihn auf die Seite und redete mit ihm.

„‚ Jedwort ‘, sagte ich, ‚du bist wie ein Mann, der aus dem Grab auferstanden ist. Für deine Nachbarn warst du dasselbe wie begraben, und jetzt kommen sie und schauen dich an, als würden sie einen toten Mann betrachten, der zum Leben erweckt wird. Für Sie ist es, als würden Sie in eine neue Welt eintreten, und ich überlasse es jetzt Ihnen, wenn Ihnen der Wechsel vom alten Zustand zu dem, was Sie heute um sich herum sehen, nicht gefällt. Sie haben gesehen, wie die Familienangelegenheiten ablaufen – wie angenehm alles ist und wie wir uns alle amüsieren. Du hörst das Klavier und magst es; Sie sehen, dass Ihre Kinder begehrt und respektiert werden, dass Ihre Frau bei besserer Gesundheit und Stimmung ist, als Sie sie jemals seit dem Tag ihrer Hochzeit gekannt haben; überall auf dem Gelände sieht man Fleiß und Sauberkeit; und du bist ein Biest, wenn dir das alles nicht gefällt. Kurz gesagt, Sie sehen, dass unser Management um einiges besser ist als Ihres; und dass wir Sie sogar in Sachen Wirtschaftlichkeit schlagen. Was ich nun wissen möchte, ist folgendes: ob Sie glauben, dass Sie sich unserer Lebensweise anschließen oder wie ein Schwein in Ihr Suhlen zurückkehren möchten.‘

„‚Ich sage nicht, aber was mir gefällt, ist deine Art zu leben ‘, grummelte er.

„‚Dann‘, sage ich, ‚müssen Sie uns einfach weitermachen lassen, so wie wir es bisher getan haben. Jetzt ist es für Sie an der Zeit, sich umzudrehen und ein respektabler Mann zu sein, so wie Ihre Nachbarn. Geben Sie einfach zu und sagen Sie, dass Sie nicht nur in den letzten vier Jahren verrückt waren , sondern dass Sie in den letzten vierundzwanzig Jahren mehr oder weniger verrückt waren. Aber sagen Sie, dass Sie jetzt bei klarem Verstand sind, und beweisen Sie es, indem Sie sich wie ein Mann verhalten, der bei klarem Verstand ist. Tu das, und ich bin bei dir; wir sind alle bei dir. Aber kehren Sie zu Ihren alten schmutzigen Gewohnheiten zurück, und Sie gehen allein. Jetzt werde ich dich nicht im Stich lassen, bis du mir sagst, was du vorhast.'

„Er zögerte einige Zeit und sagte dann: ‚Vielleicht hast du ungefähr recht, Stark; Dir und Dave und der alten Frau scheint es verdammt gut zu gehen , und ich schätze, ich lasse dich weitermachen.‘“

Hier hielt mein Freund inne, als wäre seine Geschichte zu Ende; Als einer der Dorfbewohner fragte: „Über das Land, auf dem das alte Versammlungshaus stand – was wurde damit gemacht?“

„Das war für ein neues Schulhaus vorgesehen; und dort gehen meine kleinen Rasierer zur Schule.“

„Und der alte Jedwort , lebt er schon?“

„Sowohl Jedwort als auch seine Frau sind in ein Land gegangen, in dem Gemeinheit und Unehrlichkeit kaum Chancen haben – wo die einzigen

Investitionen, die viel wert sind, diejenigen sind, die im Buch des Lebens verzeichnet sind. Frau Jedwort war reich an solchen Beständen; und Jedworts Bericht wird wohl im Vergleich zu dem einiger angesehener Leute, wie wir sie alle kennen, gut abschneiden. Ich sage euch, meine Freunde“, fuhr mein Mitreisender fort, „es gibt viele Männer, sowohl in den höheren als auch in den unteren Rängen des Lebens, die nicht viel Gutes tun würden, ganz zu schweigen von der Gnade, die ihnen zuteil werden würde. “ Familien, nur um sie auf den Kopf zu schlagen und Nebu-Chadnezars aus ihnen zu machen – und dann, nachdem sie ein paar Jahre lang aufs Gras geworfen worden waren, sollen sie wieder zurückkommen und sehen, wie glücklich die Leute waren, und wie gut sie ohne sie ausgekommen sind .

„Ich führe den alten Ort jetzt weiter“, fügte er hinzu. „Die jüngeren Mädchen werden verheiratet; Dan ist Arzt im North Village; und was Dave betrifft, er und ich haben ile geschlagen . Ich werde mir jetzt unser Grundstück ansehen.“